AF340537

DISCOURS

PRONONCÉ

PAR LE MAIRE DE LA VILLE D'AUXONNE, *Le 2 décembre 1810, jour de la fête de l'anniversaire du Couronnement de* SA MAJESTÉ L'EMPEREUR, *en la grande salle de l'hôtel-de-ville, lors du couronnement de la* ROSIÈRE, *et de son mariage avec un militaire.*

« . . . . . . Quel bien produit un seul établissement
« sage ! et que ne fait-on pas des hommes en attachant
« de l'honneur et de la gloire au mérite et à la vertu ! »

ENCYCLOPÉDIE, *au mot :*
SALENCY.

A DIJON,

DE L'IMPRIMERIE DE FRANTIN.

1811.

On a rejeté à la suite du Discours quelques notes historiques , trop longues pour concourir avec le texte. Des chiffres renvoient à ces notes.

DISCOURS

*Prononcé par M.. Amanton, Maire de la ville d'Auxonne, le 2 décembre 1810, jour de la fête de l'anniversaire du Couronnement de SA MAJESTÉ L'EMPEREUR, en la grande salle de l'hôtel-de-ville, lors du couronnement de la Rosière *, et de son mariage avec un militaire. ***

LA fête de la *Rosière* étoit célèbre depuis plus de douze siècles dans les annales de la vertu, quoique son institution fût particulière au village de *Salency*.

C'étoit la vertu dans les jeunes filles de ce sol heureux, que cette fête avoit pour objet d'honorer. La récompense qui se distribuoit solennellement, chaque année,

---

* JEANNE DUBARD, née aux *granges d'Auxonne*, le 21 mars 1788.

** PIERRE SOURDAIN, ex-carabinier au 1.er régiment d'infanterie légère, né aux *granges d'Auxonne*, le 24 octobre 1776.

consistoit principalement dans une couronne ou chapeau de roses ; et elle étoit
presque toujours pour la fille qui l'avoit
obtenue, le gage et l'avant-coureur d'un
mariage bien assorti et par conséquent
heureux.

On admiroit combien cet établissement
excitoit l'émulation des mœurs et de la
sagesse. Tous les habitans de *Salency*
étoient doux, honnêtes, sobres, laborieux. Pas un seul exemple d'un crime
commis par un naturel du lieu, encore
moins d'une foiblesse de la part du sexe.
Quel bien produit un seul établissement
sage ! Et que ne fait-on pas *des hommes
en attachant de l'honneur et de la gloire
au mérite et à la vertu* * !

Une autre institution formée dans le
dernier siècle ** sur le modèle de celle
de *la Rose*, avoit aussi pour objet de
récompenser la vertu, mais dans un autre
sexe ; je veux parler de celle dont étoient

* V. dans l'Encyclopédie, l'article *Salency*,
par un de nos Bourguignons, *l'abbé* Courtépée.
** En 1768.

redevables les habitans du village de *Neuilly* près Dijon , à l'un de leurs derniers seigneurs (1).

Le prix consistoit dans une médaille d'argent, que l'assemblée des pères de famille adjugeoit, chaque année, au garçon qu'ils estimoient le plus sage et le plus laborieux du village (2).

Cette fondation aussi honorable pour le seigneur, qu'elle étoit utile à ses vassaux (3), avoit déjà produit des fruits, et une véritable révolution dans les mœurs (4). Tant il est vrai qu'un établissement sage est à lui seul une source féconde de bien, et qu'on obtient beaucoup *des hommes en attachant de l'honneur et de la gloire au mérite et à la vertu !*

Il ne falloit rien moins que l'interrègne anarchique qui a séparé la triste chûte de l'ancienne dynastie, de la glorieuse élévation de la nouvelle, pour faire disparoître des institutions telles que celles de *la Rose de Salency* et de *la médaille de Neuilly*.

Mais ces institutions devoient bientôt,

resaisies par un génie auquel rien n'échappe de ce qui est grand et utile, être relevées l'une et l'autre, et fondues, pour ainsi dire, ensemble, dans une institution nouvelle, généralisée, étendue à tout l'Empire Français.

Telle est celle créée par ce Décret mémorable de l'Empereur NAPOLÉON, qui veut que, chaque année, le jour anniversaire de son couronnement, les grandes communes, en dotant des filles sages, les unissent à des citoyens dont la valeur ait été éprouvée sur les champs de bataille, et distingués d'ailleurs par leur bonne conduite.

Ainsi se trouvent remplis à la fois, et agrandis, le but de l'antique institution de *la Rose de Salency*, et celui de l'institution moderne de *la médaille de Neuilly*.

Ainsi notre auguste Monarque, confondant dans sa prévoyante pensée, les intérêts si naturellement inséparables des deux sexes, a décrété le bonheur d'une multitude de couples que la vertu seule rapprochera ; et cette convenance est tellement pure, qu'il n'est pas à craindre qu'elle soit trompeuse comme la plupart de celles qui décident des unions vulgaires.

Rendons grâces, Messieurs, rendons grâces à ce génie qui a semé sur le sol du vaste Empire dont il dirige les destinées, des germes féconds qui promettent, et à nos jours, et à la succession des âges, tant de fruits précieux !

Félicitons, en même temps, ces futurs époux qui, au milieu d'un appareil étranger aux fêtes ordinaires de l'hymen, mais exprès préparé pour eux, viennent recueillir ici la récompense *promise* à la fois *à la plus sage* et *au plus brave;* félicitons ce couple heureux, d'avoir été l'objet des suffrages unanimes du Conseil municipal, et sur-tout d'avoir fixé son choix par un mérite nécessairement indépendant de l'influence de la loi récente, qui a institué cette récompense : par un mérite sur lequel, à moins qu'il ne soit le produit d'un naturel heureux, a pu seule influer l'ancienne loi du devoir.

En effet, Messieurs, le Conseil municipal s'est convaincu, que quoique jeune

encore , *Jeanne Dubard ,* est dès long-
temps une fille soumise à ses parens ,
laborieuse, de bonnes mœurs , attachée à
tous ses devoirs, et en possession de l'es-
time particulière de ceux qui , voisins de
sa demeure , ont été le plus à portée d'être
les continuels témoins et par conséquent
les justes appréciateurs de sa conduite.

Le Conseil a aussi acquis l'assurance ,
qu'entré dans la carrière des armes, il y a
douze ans , *Pierre Sourdain* en a passé
onze au milieu des combats , signalant sa
valeur dans les champs de l'Allemagne ,
de l'Italie , de Naples , de la Calabre et
de l'Espagne , et qu'excellent fils , citoyen
laborieux , il réunissoit à l'avance de nom-
breux suffrages , qu'il n'a plus été ques-
tion que de sanctionner.

Je le répète , Messieurs , félicitons nos
futurs époux d'avoir su se rendre dignes ,
même avant son institution , de la récompense qu'ils vont recueillir ; et proclamons ,
comme le Conseil municipal l'a reconnu ,
que cette circonstance n'ajoute pas peu
aux mérites de ce couple intéressant.

Et vous, futurs époux, songez que vous

allez avoir à continuer la vie qui vous vaut les honneurs publics dont vous êtes en ce jour les objets, si vous êtes jaloux de justifier pleinement les suffrages qui vous les ont décernés.

Cette tâche est douce et facile à remplir. Il vous suffira d'être fidèles aux engagemens que vous allez contracter devant la loi, et que bientôt après vous irez en pompe ratifier aux pieds des autels : engagemens saints par eux-mêmes : engagemens que doivent vous rendre chers les circonstances qui les ont préparés : engagemens que consacre plus particulièrement la grande journée qui les éclaire, et aux souvenirs de laquelle ils vont se rattacher : engagemens enfin à la gravité desquels ajoutent, et la présence des Magistrats, des Fonctionnaires de tous les ordres, et le concours immense de citoyens, de guerriers, d'étrangers, réunis, les uns pour orner votre triomphe, les autres pour jouir du spectacle intéressant qu'il va leur offrir.

Voici, brave Sourdain, la couronne

destinée à votre future épouse *. Offrez-la lui ; en la recevant de vos mains, elle y attachera un double prix. Il sied à la valeur de couronner la vertu. Que cette couronne soit pour votre épouse le gage de la protection que vous lui devrez, comme elle sera pour vous le gage de son obéissance ** !

Bientôt, vous serez l'un à l'autre ; n'ayez désormais qu'une même pensée, comme vous n'aurez qu'un même intérêt. Voilà tout le secret du bonheur qu'on cherche dans le mariage.

Ce bonheur, futurs époux, si j'en crois un pressentiment dans lequel me donne confiance votre conduite passée ; ce bonheur va faire votre partage, et il sera pour vous sans mélange, si vos enfans vous ressemblent ; car, après avoir répandu de nouvelles douceurs sur les premières années de votre union, ils associeront, au milieu de votre carrière, leurs bras aux

*Ici le Maire a remis au futur époux, un *chapeau de paille, garni d'une guirlande de roses, et de rubans.*

** Art. 213 du *code Napoléon.*

vôtres, pour à la fois alléger vos tra-
vaux et en augmenter le fruit, et ils se-
ront, au déclin de vos jours, fussent-ils
alors eux-mêmes époux et pères, les sou-
tiens reconnoissans de votre caducité, et
les consolateurs empressés des infirmités
qui pourront y être attachées.

NOTES.

(1) *Jacques-Philippe* F*ROT* DE LA MARCHE, Comte de Draci-le-Fort, ancien Ministre plénipotentiaire à Gênes, mort au mois de juillet 1774.

Il descendoit de *Guillaume Frot* et d'Eudette de Senlis, qui vivoient en 1382. Ce *Guillaume* étoit frère de *Jean Frot*, précepteur et confesseur du Dauphin Charles, fils aîné du Roi Charles VI, dont il devint maître d'hôtel. On voyoit à Saint Roch, à Paris, l'épitaphe de *Philippe-Claude* FROT DE LA MARCHE, Seigneur de Clémencey, mort lieutenant-général des armées du Roi, en 1750. *Paillot* et son continuateur *Petitot*, donnent une nomenclature de quinze personnages de la même famille qui ont été les uns, Conseillers, et les autres, en plus grand nombre, Présidens à Mortier au Parlement de Bourgogne, indépendamment du frère et du neveu de *Jacques-Philippe* FROT DE LA MARCHE, morts à Dijon vers la fin du dernier siècle, tous deux premiers Présidens de ce Parlement.

Feu *l'abbé* PICARDET, prieur-curé *de Neuilly*, membre de l'Académie de Dijon, sa patrie, passe pour avoir eu part à l'établissement auquel le nom de *Jacques-Philippe* FROT DE LA MARCHE fut attaché. C'est cet ecclésiastique qui est l'auteur du livre intitulé : LES DEUX ABDALONYME, *histoire phéni-cienne*, Dijon, 1779, dont le sujet est tiré de Quinte-

(13)

Curce , et dans lequel de très bons préceptes sur les
mœurs., sont développés en faveur de la jeunesse.
L'abbé Picardet fut à la fois un pieux et savant
pasteur , et un homme d'une rare bienfaisance.

(2) Cette médaille offroit d'un côté , *une couronne
étoilée* accompagnée de *deux palmes*, et au-dessous
ces mots : A LA VERTU. Au revers on lisoit ceux-ci :
AU TRAVAIL, surmontés d'*une couronne d'épis* et de
deux cornes d'abondance; et à l'exergue : DIEU
AIDE LES BONS.

(3) *Jacques-Philippe Fyot de la Marche* étoit
les délices des habitans de *Neuilly* ; il le méritoit
par sa bienfaisance. . . . . *Neuilly* avoit beaucoup
souffert des inondations de la rivière d'*Ouche.*
Jacques-Philippe Fyot fit éclater en cette occasion
sa générosité envers les habitans de sa terre. Ceux-ci
voulurent qu'un monument durable attestât le bien-
fait et la reconnoissance ; ils élevèrent une colonne
surmontée d'un globe de cuivre et d'une croix de fer,
et sur les quatre faces de la base de laquelle ils firent
graver ces inscriptions :

(*Au nord.*)

AU DIEU

QUI EXAUCE LA PRIÈRE DU PAUVRE ,

VŒU SOLENNEL DES HABITANS DE NEUILLY.

LE 30 JUILLET 1770.

(*A l'est.*)

En mémoire des bienfaits de Dieu
Qui a préservé cette paroisse
De la famine et des inondations
Qui ont désolé cette Province.

(*Au sud.*)

Non oderis laboriosa opera
Et rusticationem creatam
Ab Altissimo. Eccl.

De l'ouvrier actif qui cultive la terre ,
Citoyens , estimez les soins industrieux ;
Dieu lui-même créa cet art si nécessaire
Qu'exercent dans nos champs des bras laborieux.

(*A l'ouest.*)

Dieu très bon, écoutez les cris du cœur
Que vous formez en nous,
Et daignez répandre vos bénédictions
Sur J. PHILIPPE FYOT DE LA MARCHE,
Seigneur de Neuilly, notre père,
Et sur ses Enfans.

Cette Colonne est encore debout au-devant de l'entrée de l'ancien château ; mais le globe, la croix et les quatre médaillons ovales de pierre polie incrustés dans les faces de sa base, et qui portoient les inscriptions, ont disparu il y a 18 ou 19 ans, au grand regret de la municipalité et des habitans de Neuilly.

Voilà un monument de la restauration duquel il seroit digne de l'autorité municipale actuelle du lieu, de s'occuper.

(4) L'événement de l'année 1769 en est une preuve touchante. Un jeune homme, nommé *Philibeaux*, fort estimé dans le pays, en traversant avec un char de foin, la rivière d'*Ouche*, y avoit malheureusement péri quelque temps avant la distribution de la *médaille*. Celui qui l'obtint, modeste autant que vertueux, l'attacha à un rameau orné de rubans, auquel pendoient une couronne d'épis et une couronne de roses, qu'au grand étonnement des assistans, il alla placer sur la tombe du défunt, en prononçant ces paroles édifiantes : JE TE LA RENDS, MON CHER AMI, TU LA MÉRITOIS MIEUX QUE MOI. (*V. dans l'ENCYCLOPÉDIE l'article NEUILLY, fourni par l'ABBÉ COURTÉPÉE. C'est là que nous avons puisé partie de ce que nous disons de relatif à l'institution de la MÉDAILLE.*)

FIN.

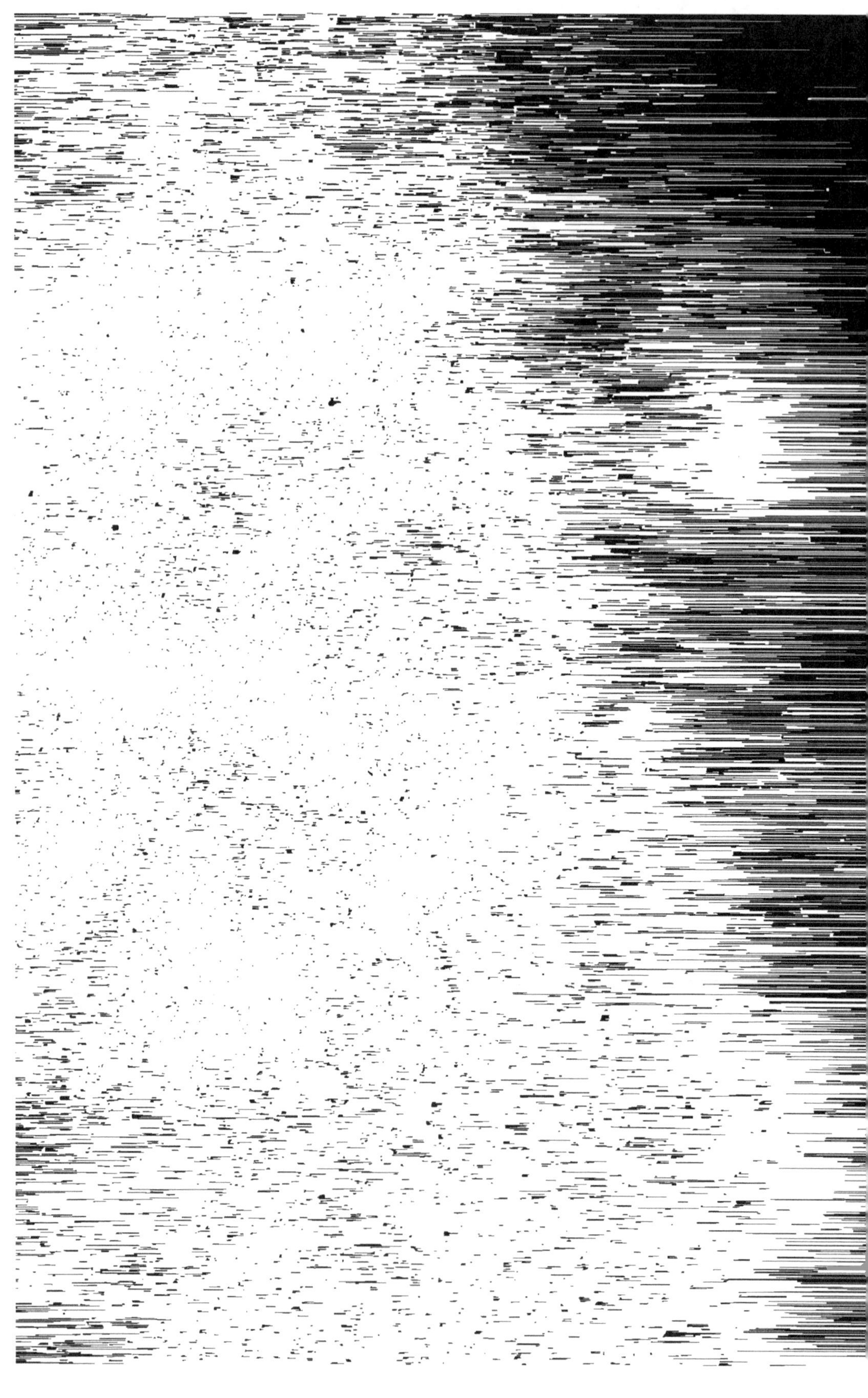